BEI GRIN MACHT SICH IHR WISSEN BEZAHLT

- Wir veröffentlichen Ihre Hausarbeit,
  Bachelor- und Masterarbeit

- Ihr eigenes eBook und Buch -
  weltweit in allen wichtigen Shops

- Verdienen Sie an jedem Verkauf

Jetzt bei www.GRIN.com hochladen und kostenlos publizieren

Beweglichkeitstestung und Trainingsplanung zur Verbesserung der Beweglichkeit und Koordination

Bibliografische Information der Deutschen Nationalbibliothek:

Die Deutsche Nationalbibliothek verzeichnet diese Publikation in der Deutschen Nationalbibliografie; detaillierte bibliografische Daten sind im Internet über http://dnb.d-nb.de abrufbar.

ISBN: 9783346757302
Dieses Buch ist auch als E-Book erhältlich.

© GRIN Publishing GmbH
Nymphenburger Straße 86
80636 München

Druck und Bindung: Books on Demand GmbH, Norderstedt Germany
Gedruckt auf säurefreiem Papier aus verantwortungsvollen Quellen

Das Buch bei GRIN: https://www.grin.com/document/1292192

Deutsche Hochschule für
Prävention und Gesundheitsmanagement
Hermann Neuberger Sportschule 3
66123 Saarbrücken

Einsendeaufgabe

Fachmodul:	Trainingslehre 3
Studiengang:	Gesundheitsmanagement
Datum Präsenzphase:	09.09. - 11.09.2019
Studienort:	**Leipzig**
Semester:	**Wintersemester 2019**

Inhaltsverzeichnis

1   Personendaten

Im Folgenden werden allgemeine und biometrische Daten zum Gesundheitszustand des Probanden zusammengefasst dargestellt:

Tab. 1: Allgemeine Daten und Gesundheitszustand

Allgemeine Daten	
Alter	29 Jahre
Geschlecht	Männlich
Körpergröße	1,75 m
Körpergewicht	72 kg
Trainingsmotive	• Ausgleich zum Alltag • Verbesserung der Fitness • Bessere Bewältigung von Alltagsbelastungen • Wiedereinstieg ins Judotraining
berufliche Tätigkeit	Lehrer für die Sekundarschule in den Fächer Sport und Geschichte
aktuelle und frühere sportliche Aktivitäten	frühere sportliche Aktivitäten: • Judo (Leistungsbereich Jugend, Landeskater Sachsen-Anhalt, Mitteldeutscher Meister und diverse Landesmeistertitel) aktuelle sportliche Aktivitäten: • Kraftsport (3-4mal pro Woche)
zeitlicher Verfügungsrahmen	3mal pro Woche
Allgemeiner Gesundheitszustand	
orthopädische Probleme	• Hallux valgus • Morbus Scheuermann
internistische Probleme	• keine bekannt
ärztliche Behandlungen	• keine bekannt
Einnahme von Medikamenten	• keine bekannt
gesundheitliche Einschränkungen	• keine bekannt

Unter Berücksichtigung der allgemeinen Daten, dem Gesundheitszustand und der sportlichen Vorerfahrung ist der Proband in vollem Umfang belastbar und trainierbar. Es liegen weder internistische noch gravierend orthopädische Beschwerden vor, einzig eine Einschränkung durch Hallux valgus, welche jedoch durch das Tragen einer Einlage minimiert wird. Damit ist eine gesundheitliche Gefährdung durch ein Beweglichkeitstraining auszuschließen.

2   Beweglichkeitstestung

Im Folgenden wurde ein manueller Beweglichkeitstest nach Janda (2000, S. 255-271) durchgeführt, um festzustellen ob Einschränkungen in der Beweglichkeit des Bewegungsapparats vorliegen, z.B. in Form von neuromuskulären Verkürzungen, welche die Beweglichkeitsamplitude einschränken können. Eine eingeschränkte Bewegungsamplitude kann zu einer eingeschränkten Leistungsfähigkeit in bestimmte Sportarten oder auch zu Haltungsschäden führen.

Allgemein ist bei einem Muskelfunktionstest darauf zu achten standardisierte Ausgangspositionen zu wählen, eine auszureichende Fixierung des Probanden zu gewährleisten, um eventuelle Ausgleichsbewegungen zu vermeiden und somit eine Manipulation des Testergebnisses auszuschließen. Zu dem sollte auf die exakte Ausführung der Bewegung geachtet und bei auftretendem Schmerz der Test sofort abgebrochen oder nicht durchgeführt werden. Um neuromuskuläre Dysbalancen auszuschließen sollte demnach beidseitig getestet werden.

Tab. 2: Manuelle Beweglichkeitstestung (modifiziert nach Janda)

Testung M. pectoralis major (Brustmuskulatur)	
Testdurchführung nach Janda (2000, S. 270)	Der Proband nimmt auf einer Behandlungsliege eine Rückenlage mit angewinkelten Beinen und aufgestellten Füßen ein, um eine Beckenfixierung zu gewährleisten. Durch leichten Zug fixiert der Tester mit der Hand den Thorax in diagonaler Richtung von der zu testenden Seite weg. Ausgangsstellung für den zu testenden Arm ist im Schultergelenk abduziert und außenrotiert. Das Ellenbogengelenk befindet sich in einem 90° - Beugewinkel. Als Messbereich bewertet der Tester die Position des Oberarms zur Horizontalen.

Richtwerte	
Stufe 0	Oberarm erreicht Horizontale
Stufe 1	Oberarm erreicht Horizontale durch Druck des Testers
Stufe 2	Oberarm erreicht Horizontale auch durch Druck des Testers nicht

Testergebnis	links	Stufe 1	Rechts	Stufe 1

Testung M. iliopsoas (Hüftbeugemuskulatur)

Testdurchführung nach Janda (2000, S. 258)	Die Ausgangsstellung für die Testung ist eine Rückenlage mit dem Gesäß liegend an der Kante der Behandlungsliege, so dass sich die Beine im Überhang befinden. Der Proband fixiert das Knie des nicht zu testenden Beines maximal nah am Körper, das andere Bein bleibt im Überhang. Der Tester beobachtet die Hüftflexion des freien Beines. Als Messbereich gilt der Hüftbeugewinkel. Bewegungsziel der Testung ist, dass zu testende Bein bei gestrecktem Hüftgelenk und gebeugtem Kniegelenk in eine Ebene mit der Behandlungsliege zu bringen. Um das Testergebnis nicht zu manipulieren, ist darauf zu achten, dass weder das Becken von der Liege abhebt, noch eine Hyperlordose der Lendenwirbelsäule vorliegt.

Richtwerte	
Stufe 0	Oberschenkel erreicht Horizontale
Stufe 1	Oberschenkel erreicht Horizontale durch Druck des Testers
Stufe 2	Oberschenkel erreicht Horizontale auch durch Druck des Testers nicht

Testergebnis	Links	Stufe 1	Rechts	Stufe 1

Testung M. rectus femoris (Kniestreckmuskulatur)

Testdurchführung nach Janda (2000, S. 258)	Der Proband nimmt in Rückenlage, mit dem Gesäß abschließend am Rand der Behandlungsliege seinen Platz ein, sodass sich die Beine im Überhang befinden. Das nicht zu testende Bein wird angewinkelt und vom Probanden maximal weit zum Körper fixiert. Das zu testende Bein wird vom Tester im maximal möglichen Hüftextensionswinkel fixiert und im Anschluss in einen maximal möglichen Kniebeugewinkel geführt. Messbereich ist der Winkel zwischen Ober- und Unterschenkel.

Richtwerte	
Stufe 0	Unterschenkel hängt senkrecht herab
Stufe 1	Unterschenkel erreicht 90° im Kniegelenk durch Druck des Testers

Stufe 2	Unterschenkel erreicht 90° im Kniegelenk auch durch Druck des Testers nicht			
Testergebnis	Links	Stufe 0	Rechts	Stufe 0

Testung Mm. ichiocrurales (Kniebeugemuskulatur)				
Testdurchführung nach Janda (2000, S. 261)	Die Ausgangsposition für die Testung der Kniebeugemuskulatur ist eine Rückenlage auf einer Behandlungsliege. Das nicht zu testende Bein wird im Hüft- und Kniegelenk gebeugt und der Fuß auf der Liege aufgestellt. Das zum Test ausgewählte Bein wird bei gestrecktem Kniegelenk vom Tester ohne Fixierung an der Patella in die maximal mögliche Hüftflexion geführt. Der Winkel zwischen Beinachse und der Longitudinalachse gilt als Messbereich.			
Richtwerte				
Stufe 0	Hüftflexion im Ausmaß von 90° möglich			
Stufe 1	Hüftflexion im Ausmaß von 80 - 90° möglich			
Stufe 2	Hüftflexion nur unter 80° möglich			
Testergebnis	Links	Stufe 1	Rechts	Stufe 1

Testung Mm. Triceps surae (Wadenmuskulatur)				
Testdurchführung nach Janda (2000, S. 255)	Der Proband liegt in Rückenlage auf einer Behandlungsliege. Das nicht zu testende Bein ist gebeugt und der Fuß steht auf der Liege auf. Das zu testende Bein befindet sich in der Streckung, sodass die distale Hälfte des Unterbeins über das Liegenende hinaus reicht. Der Tester fixiert mit der einen Hand das Bein distal am Fersenbein und mit der anderen den Fuß über die Außenkante. An der Ferse wird durch den Tester ein Hauptzug distalwärts ausgeübt und der Daumen, der anderen Hand lenkt den Vorfuß durch leichten Druck in die maximale Dorsalextension. Um eine isolierte Testung des M. soleus zu erreichen, muss zusätzlich nach Erreichen der max. Dorsalextension das Kniegelenk gebeugt und das Bewegungsausmaß vergrößert werden. Dadurch ist eine differenzierte Auswertung nach M. gastrocnemius und M. soleus möglich.			
Richtwerte				
Stufe 0	Dorsalextension bis 0° möglich			
Stufe 1	Dorsalextension möglich; 0° wird nicht ganz erreicht			
Stufe 2	Dorsalextension nur bis 10° unter 0°-Stellung möglich			
Testergebnis	Links	Stufe 0	Rechts	Stufe 0

Im Folgenden ist eine Zusammenfassung der Testergebnisse des manuellen Beweg-
lichkeitstests dargestellt:

Tab. 3: Zusammenfassung Testergebnisse Beweglichkeitstest

Zusammenfassung Testergebnisse		
	links	rechts
Brustmuskulatur	Stufe 1	Stufe 1
Hüftbeugemuskulatur	Stufe 1	Stufe1
Kniestreckmuskulatur	Stufe 0	Stufe 0
Kniebeugemuskulatur	Stufe 1	Stufe 1
Wadenmuskulatur	Stufe 0	Stufe 0

Der Proband weißt in der Kniebeuge-, der Brust- sowie der Hüftbeugemuskulatur beiderseits leichte Beweglichkeitsdefizite (Stufe 1) auf. Die anderen getesteten Muskelgruppen, wie Kniestreck- und Wadenmuskulatur sind beiderseits frei von Beweglich-
keitsdefiziten (Stufe 0).

Für die künftige Trainingsplanung bedeutet dies, dass der Fokus auf die drei Muskelgruppen mit leichtem Defizit gelegt wird. Zusätzlich erhält die Brustmuskulatur eine
erhöhte Aufmerksamkeit, da der Proband durch Morbus Scheuermann zu einem Rund-
rücken neigt und die Brustmuskulatur für eine aufrechtere Haltung aufgedehnt werden
sollte.

3 Trainingsplanung Beweglichkeitstraining

Im Folgenden wird eine Trainingsplanung für ein spezifisches Beweglichkeitstraining
dargestellt:

Tab. 4: Übersicht Trainingsplanung Beweglichkeitstraining

Dehnübung 1	
Gelenk/ Bereich	Nackenmuskulatur
Zielmuskulatur	M. trapezius pars descendes
Dehnmethode	aktiv statisch
Übungsbeschreibung	• Lateralflexion der Halswirbelsäule
	• Rotation des Kopfes (Kinn zur Schulter)
	• Depression der Kopfneigung gegenüberliegenden Schulter mit zusätzlicher Dorsalextension der Hand nach hinten
Dehnübung 2	
Gelenk/ Bereich	Brustmuskulatur
Zielmuskulatur	M. pectoralis major
	M. biceps brachii
	M. deltoideus pars clavicularis
Dehnmethode	aktiv statisch
Übungsbeschreibung	• Retroversion des Schultergelenks (Oberkörper bleibt aufgerichtet, Schultern tief)
	• Hände werden verschränkt
	• Nach Einnahme der Ausgangsposition: verstärkte Retroversion des Schultergelenks
	• Anteversion des Schultergelenks und Lösen der Hände um Dehnposition zu verlassen
Dehnübung 3	
Gelenk/ Bereich	Brustmuskulatur
Zielmuskulatur	M. pectoralis major
Dehnmethode	passiv statisch
Übungsbeschreibung	• Ausgangsposition: Schrittstellung parallel zur Wand
	• Flexion des Ellenbogengelenks in einen 90 Grad-Winkel
	• Abduktion und Außenrotation des Arms
	• Retroversion des Schultergelenks gegen die Wand
Dehnübung 4	
Gelenk/ Bereich	Trizeps
Zielmuskulatur	M. triceps brachii
	M. latissimus dorsi
Dehnmethode	aktiv statisch
Übungsbeschreibung	• Ausgangsposition: hüftbreiter Stand

	• Anteversion des Schultergelenks
	• Flexion des Ellenbogengelenks
	• gegenüberliegende Hand greift den angewinkelten Arm am Ellenbogen und arbeitet gegen

Dehnübung 5	
Gelenk/ Bereich	seitliche Rumpfmuskulatur
Zielmuskulatur	M. latissimus dorsi
	M. obliquus externus abdominis
	M. obliquus internus abdominis
Dehnmethode	passiv statisch
Übungsbeschreibung	• Ausgangsposition: hüftbreiter Stand
	• Abduktion des Schultergelenks über Kopf (Brustkorb bleibt aufgerichtet)
	• bei gerader Beckenachse Lateralflexion der Wirbelsäule

Dehnübung 6	
Gelenk/ Bereich	Hüftbeugemuskulatur
Zielmuskulatur	M. iliopsoas
	M. rectus femoris
Dehnmethode	aktiv statisch
Übungsbeschreibung	• Ausgangsposition: hüftbreiter Kniestand
	• Bein 1: Flexion im Hüft- und Kniegelenk nach vorn (das Kniegelenk befindet sich unter dem Hüftgelenk)
	• Bein 2: Extension im Hüftgelenk und Flexion im Kniegelenk (das Kniegelenk mit Unterschenkel wird abgelegt)
	• Dehnposition wird erreicht, indem der Körperschwerpunkt nach vorn unten verlagert wird (Oberkörper bleibt aufrecht)

Dehnübung 7	
Gelenk/ Bereich	Hüftbeugemuskulatur
Zielmuskulatur	M. iliopsoas
	M. rectus femoris
Dehnmethode	Postisometrisch
Übungsbeschreibung	• Ausgangsposition: Rückenlage
	• Bein 1: Flexion im Hüft- und Kniegelenk so körpernah wie möglich
	• Bein 2 bleibt in Neutralstellung abgelegt auf dem Boden
	• Dorsalextension beider Sprunggelenke

Dehnübung 8	
Gelenk/ Bereich	vorderseitige Oberschenkelmuskulatur
Zielmuskulatur	M. quadriceps femoris
Dehnmethode	aktiv statisch
Übungsbeschreibung	• Ausgangsposition: hüftbreiter Stand • Bein 1: Standbein • Bein 2: Flexion des Kniegelenks • Fuß wird zum Gesäß gezogen (Knie bleiben auf gleicher Höhe und geschlossen)
Dehnübung 9	
Gelenk/ Bereich	Vorderseitige Oberschenkelmuskulatur
Zielmuskulatur	M. rectus femoris
Dehnmethode	aktiv statisch
Übungsbeschreibung	• Ausgangsposition: hüftbreiter Kniestand • Bein 1: Flexion im Hüft- und Kniegelenk im aufgestellten Bein • Bein 2: Extension im Hüftgelenk und Flexion im Kniegelenk (Flexion im Kniegelenk wird mit einem Zug des Fußes zum Gesäß verstärkt)
Dehnübung 10	
Gelenk/ Bereich	Wadenmuskulatur
Zielmuskulatur	M. gastrocnemius M. soleus
Dehnmethode	aktiv dynamisch
Übungsbeschreibung	• Ausgangsposition: Schrittstellung • Bein 1: Extension im Hüft- und Kniegelenk • Bein 2: leichte Flexion im Hüft- und Kniegelenk • beide Füße parallel und ganz aufgestellt • Verlagerung des Körpergewichts nach vorn unten

Im Folgenden wird das Belastungsgefüge für das Beweglichkeitstraining dargestellt:

Tab. 5: Belastungsgefüge des Beweglichkeitstraining

	Statisches	Dynamisch	Postisometrisch
Trainingshäufigkeit	3mal pro Woche	3mal pro Woche	3mal pro Woche
Sätze/Übung	3 Sätze je Körperseite	3 Sätze je Körperseite	3 Sätze je Körperseite
Intensität	Submaximale Dehngrenze (89-95% der max. Bewegungsreichweite)	Maximale Dehngrenze (100% der Bewegungsreichweite)	Submaximale Dehngrenze (89-95% der max. Bewegungsreichweite)
Dauer	45 Sekunden	5 – 15 Wiederholung je Körperseite	nach 2 – 10 s isometrischer Kontraktion der Zielmuskulatur wird diese entspannt, die Dehnposition eingenommen und die Zielmuskulatur für 30 s gedehnt

Mit dem Beweglichkeitstraining soll erreicht werden das der Proband die Beweglichkeit erhält und in defizitären Muskelgruppen diese verbessert. Aufgrund seiner sitzenden Tätigkeit als Lehrer und seinem Trainingsziel wieder aktiv in den Judosport einzutreten, wurde sich bei der Trainingskonzeption auf die drei defizitären Muskelgruppen Brust-, Hüftbeuge- und Kniebeugemuskultur fokussiert. Die Dehnübungen decken alle Muskelgelenksysteme ab und arbeiten den körperlichen Dysbalancen, die im Alltag durch einseitige körperliche Belastung entstanden sind, entgegen. Der Proband leidet seit Kindheitstagen unter Morbus Scheuermann, eine Wachstumsstörung der Wirbelsäule, und der damit eingehenden Rundrückenhaltung. Der Wunsch des Probanden besteht darin seine Körperhaltung aufzurichten und den körperlichen Dysbalancen entgegenzuwirken. Aus diesem Grund liegt der Fokus der Übungsauswahl auf brustöffnenden und körperaufrichtenden Dehnübungen.

In der Auswahl der Dehnmethode sollte nach Wydra (1993, S.110) ein individueller Methodenpluralismus angewendet werden, und es sollen entsprechend den individuellen Bedürfnissen sowohl Anspannungstechniken als auch dynamische Dehntechniken einfließen. So wurde sich bewusst bei den drei getesteten Muskelgruppen mit leichtem

Defizit gegen die dynamische Dehnmethode entschieden, da bei falscher Ausführung oder ruckartigen Bewegungen mit hoher Geschwindigkeit gesundheitliche Probleme auftreten können, so Mühlfriedel (1994, S.145). Aufgrund des Morbus Scheuermann des Probanden erscheint die statische Dehnmethode am geeignetsten, da sie vor allem für Ungeübte oder körperlich eingeschränkte Personen zur Verbesserung der Beweglichkeit dient (Sölveborn, 1983, S. 112f).

4 Trainingsplanung Koordinationstraining

Im Folgenden wird eine Trainingsplanung für ein sportartspezifisches Koordinationstraining im Sinne eines Gleichgewichtstrainings für den Wiedereinstieg in das Judotraining dargestellt.

Allgemein ist bei der Übungsausführung auf eine korrekte achsengerechte Körperhaltung (Ausrichtung und Kontrolle der Fuß-, Knie-, Hüft- und Wirbelsäulenstellung) und einer sorgfältigen und bewussten Bewegungsausführung zu achten. Bei Gleichgewichtsstörungen, nachlassender Bewegungsqualität oder Schmerzen wird zu einem Abbruch der Übung geraten.

Tab. 6: Übersicht Trainingsplanung Gleichgewichtstraining

1	Einbeinstand mit offenen Augen und herabhängenden Armen
2	Einbeinstand mit offenen Augen und verschränkten Armen
3	Einbeinstand mit Kopf im Nacken und verschränkten Armen
4	Einbeinstand mit Übergabe eines Balles von der linken in die rechte Hand über Kopf und zurück
5	Einbeinstand mit Hochwerfen und Fangen eines Balles
6	Einbeinstand im Hochzehenstand verbunden mit Hochwerfen und Fangen eines Balles
7	Einbeinstand auf einem „Wackelbrett" mit offenen Augen und herabhängenden Armen
8	Einbeinstand auf einem „Wackelbrett" mit offenen Augen und Ballkreisen um den Körper

9	Einbeinstand auf einem „Wackelbrett", Spielbein im Hüftgelenk gebeugt, Ball kreist um gebeugten Oberschenkel
10	Einbeinstand auf einem „Wackelbrett" mit geschlossen Augen

Tab. 7: Belastungsgefüge Gleichgewichtstraining

Trainingshäufigkeit pro Woche	3mal pro Woche
Sätze pro Übung	3 Sätze je Standbein
Satzpausen	nach jeder Übung Standbeinwechsel (aktive Pause)
Belastungsdauer statische Übungen	20 Sekunden je Übung, danach Standbeinwechsel
Belastungsdauer dynamische Übungen	15 Wiederholungen je Übung, danach Standbeinwechsel

Bei der Planung eines Koordinationstraining und der Übungsauswahl sind bestimmte Trainingsprinzipien zu beachten. Grundlegend sollen die koordinativen Fähigkeiten durch ein koordinatives Training verbessert werden. Dies geschieht über die Integration der sechs motorisch-koordinativen Druckbedingungen, wie z.b. Präzisionsdruck, Organisationsdruck und Komplexitätsdruck. So ist ein nachhaltiger Effekt des Koordinationstrainings auf die Ausprägung bestimmter Fähigkeiten nur durch mehrfache Wiederholung neuer oder koordinativ anspruchsvoller Übungen und durch die Erhöhung des Schwierigkeitsgrades zu erreichen, so Hottenrott (2010, S. 216).

Mit dem oben abgebildeten Gleichgewichtstraining (Tab. 5) soll der Proband gezielt auf den Wiedereinstieg in das Judotraining geschult werden. Im Judo entscheidet der Gleichgewichtssinn über Erfolg oder Niederlage eines Kampfes. Ziel ist es das Gleichgewicht des Gegners zu brechen, also die Stabilität und das Gleichgewicht zu stören und diesen zu Fall zu bringen. Dafür benötigt der Proband einen sicheren Stand und einen geschulten Gleichgewichtssinn um Angriffe des Gegners standzuhalten und eigene Angriffe sicher durchzuführen. Aus diesem Grund wurde für den Probanden ein spezifisches Gleichgewichtstraining im Einbeinstand konzipiert. Die methodische Reihe orientiert sich dabei an der Schwierigkeitserhöhung beim Balanciergleichgewicht nach Durlach (1997, S. 147). So trainiert der Proband anfänglich noch auf viel Kontaktfläche (großflächiger Untergrund) und arbeitet sich von Übung zu Übung zu immer weniger Kontaktfläche (kleinflächiger Untergrund) und vom stabilen (Boden) zum instabilen Untergrund (Wackelbrett) hin. Ebenso wird vom bodennahen zum bodenfernen, sowie vom immobilen zum mobilen Untergrund trainiert. Die Steigerung der Intensität erfolgt

13/18

über die zunehmende Anzahl von Übungswiederholungen bei dynamischen Übungen und der Erhöhung der Haltedauer bei statischen Übungen (Integration der Druckbedingung „Zeitdruck"), d.h. es findet eine stetige Progression des Schwierigkeitsgrades statt. Auch die Hand-Augen-Koordination ist im Judo von wichtiger Bedeutung, da durch gezielte Griffe, der Gegner zu Boden gebracht werden kann. Wenn diese Griffe nicht gezielt gesetzt werden können, besteht die Gefahr, dass der Gegner selbst durch Ausweichen, das Gleichgewicht des Probanden bricht. Dies wurde in der Trainingskonzeption durch die Ballarbeit (Ballübergabe und Ballwurf) berücksichtigt. Zudem integriert die Ballarbeit im Koordinationstraining die motorisch-koordinative Druckbedingung „Organisationsdruck", da der Proband viele gleichzeitige Anforderungen (Einbeinstand auf Wackelbrett mit Ballkreisen um den Körper) bewältigen muss.

5 Literaturrecherche

Im Folgenden ist eine Literaturrecherche zu zwei Studien mit der Thematik „Effekte des Dehnens im Hinblick auf eine Verbesserung der sportlichen Leistungsfähigkeit" dargestellt:

Tab. 8: Literaturrecherche Studie 1 „Muskeldehnung zur Leistungsverbesserung im Sprint"

Effekte des Dehnens im Hinblick auf eine Verbesserung der sportlichen Leistungsfähigkeit	
Studie 1	Muskeldehnung zur Leistungsverbesserung im Sprint
Quellenverweis	Wiemann, K. & Klee, A. (1993). Muskeldehnung zur Leistungsverbesserung im Sprint. In Bundesinstitut für Sportwissenschaften (Hrsg.), *Sportwissenschaftliche Forschungsprojekte*. Köln: Selbstverlag
Wer hat die Studie durchgeführt?	Wiemann, K. & Klee, A.
Jahr	1993
Forschungsfrage	Beeinflusst das Realisieren eines Dehnungsprogramms für die leistungsbestimmenden Muskeln beim Sprint unmittelbar vor dem Sprint die Leistung?

Versuchspersonen	• 32 männliche Sportstudenten der Bergischen Universität Wuppertal
Versuchsaufbau	• Vortest: nach einem 15minütigen Aufwärmprogramm werden 2 Kurzsprints (35m) im Abstand von 5 min. durchgeführt (Sprints erfolgen aus dem Hochstart in einer Halle) • die Versuchspersonen wurden nach den Vortests in 3 Gruppen eingeteilt, entweder absolvierten sie ein 15minütiges Dehnprogramm für die Hüftbeugemuskulatur (Gruppe DB), für die Hüftstreckmuskulatur (Gruppe DS) oder ein 15 min. leichten Dauerlauf (Kontrollgruppe L) • Nachtest: nach Absolvierung des Dehnprogramms oder Dauerlaufes wurden 2 Kurzsprints unter den gleichen Bedingungen wie im Vortest durchgeführt
relevanten Ergebnisse	• Hauptergebnis: im Nachtest zeigen sich bei allen 3 Gruppen erhöhte Sprintzeiten gegenüber dem Vortest • bei beiden Dehngruppen (Gruppe DB, DS) unterscheidet sich das Nachtestergebnis sehr signifikant von den Ergebnissen des Vortests (Sprintleistung verschlechtert sich um 0,14s)
Schlussfolgerung	Das Sprintexperiment kann eine Leistungsverbesserung durch AC-Stretching nicht bestätigen, stattdessen verschlechtert sich die Sprintleistung signifikant.

Im Folgenden wird die zweite Studie der Literaturrecherche dargestellt:

Tab. 9: Literaturrecherche Studie 2 "Altered reflex sensitivity after reeated and prolonged passive muscle stretching"

Effekte des Dehnens im Hinblick auf eine Verbesserung der sportlichen Leistungsfähigkeit	
Studie 2	**Altered reflex sensitivity after repeated and prolonged passive muscle stretching**
Quellenverweis	Avela, J., Kyröläinen, H. & Komi, P.V.
Wer hat die Studie durchgeführt?	Avela, J., Kyröläinen, H. & Komi, P.V. (1999). Altered reflex sensitivity after repeated and prolonged passive muscle stretching. *Journal of applied physiology, 86* (4), 1283-1291.

Jahr	1999
Forschungsfrage	Hat ein intermittierendes passives Dehnen der Wadenmuskulatur Auswirkungen auf dessen isometrische Maximalkraft?
Versuchspersonen	• 20 männliche Versuchspersonen im Alter von 21-44 Jahren (∅Alter: 27 Jahre)
Versuchsaufbau	• Vortest: Messung der M-Welle im Rahmen einer Elekroneurographie • die Versuchspersonen führten nach dem Vortest ein einstündiges intermittierendes passives Dehnprogramm der Wadenmuskulatur durch • Nachtest: Messung der M-Welle im Rahmen einer Elektroneurograhie nach dem durchgeführten Dehnprogramm
relevanten Ergebnisse	• signifikanter Kraftabfall von -23,3 ± 19,7%
Schlussfolgerung	Die Studie belegt das ein intermittierendes passives Dehnen eines Muskels die Kraftausgabe signifikant verschlechtert.

6   Literaturverzeichnis

Albrecht, K. & Meyer, S. (2014). *Stretching und Beweglichkeit. Das neue Experten-handbuch.* Stuttgart: Karl Haug.

Arefi, M. (2015). *Praxisbuch Dehnen.* München: Urban & Fischer.

Baumann, H. & Reim, H. (1994). *Bewegungslehre.* Frankfurt am Main: Moritz Dies-terweg.

Beckmann, H. (2012). Koordination. In Jäger, M. J. & Krüger, K. (Hrsg.), *Der Muskel im Sport. Anatomie. Physiologie. Training. Rehabilitation.* Berlin: KVM.

Durlach, F.-J. (1997). Balancieren. Kann ich mein Gleichgewicht halten? *Lehrhilfen für den Sportunterricht 46 (10).*

Freiwald, J. (2009). *Optimales Dehnen. Sport. Prävention. Rehabilitation.* Balingen: Spitta.

Gimbel, B. (2014). *Körpermanagement. Handbuch für Trainer und Experten in der betrieblichen Gesundheitsförderung.* Berlin Heidelberg: Springer.

Hirtz, P., Hotz, A. & Ludwig, G. (2000). *Bewegungskompetenzen. Gleichgewicht.* Schorndorf: Hofmann.

Hoos, O. & Hottenrott, K. (2013). Beweglichkeit und Beweglichkeitstraining. In Gül-lich, A. & Krüger, M. (Hrsg.), *Sport. Das Lehrbuch für das Sportstudium.* Berlin Heidelberg: Springer.

Hoos, O. & Hottenrott, K. (2013). Koordination und Koordinationstraining. In Güllich, A. & Krüger, M. (Hrsg.), *Sport. Das Lehrbuch für das Sportstudium.* Berlin Heidel-berg: Springer.

Hottenrott, K. & Neumann, G. (2010). *Trainingswissenschaft. Ein Lehrbuch in 14 Lek-tionen. Band 7.* Aachen: Meyer & Meyer.

Koch-Remmele, C. (2012). Muskeldehnung und Beweglichkeitstraining. In Jäger, M. J. & Krüger, K. (Hrsg.), *Der Muskel im Sport. Anatomie. Physiologie. Training. Reha-bilitation.* Berlin: KVM.

Leutert, G. & Schmidt, W. (2008). *Funktionelle und systematische Anatomie.* München Jena: Urban & Fischer.

Mühlfriedel, B. (1994). *Trainingslehre.* Frankfurt am Main: Moritz Diesterweg.

Thomas Gisler (2012). Dehnung des M. quadriceps femoris aus anatomisch-physiologischer Sicht. *Schweizerische Zeitschrift für Sportmedizin und Sporttrauma-tologie 60 (3),* 121.

Wollny, R. (2007). *Bewegungswissenschaft Ein Lehrbuch in 12 Lektionen. Band 5.* Aachen: Meyer & Meyer.

Wydra, G. (1993). Muskeldehnung – aktueller Stand der Forschung. *Deutsche Zeitschrift für Sportmedizin 44*, S. 104-111.

Janda, V. (2000). *Manuelle Muskelfunktionsdiagnostik.* München: Urban & Fischer.

Avela, J., Kyröläinen, H. & Komi, P.V. (1999). Altered reflex sensitivity after repeated and prolonged passive muscle stretching. *Journal of applied physiology, 86* (4), 1283-1291.

Wiemann, K. & Klee, A. (1993). Muskeldehnung zur Leistungsverbesserung im Sprint. In Bundesinstitut für Sportwissenschaften (Hrsg.), *Sportwissenschaftliche Forschungsprojekte.* Köln: Selbstverlag.

7 Tabellenverzeichnis

BEI GRIN MACHT SICH IHR WISSEN BEZAHLT

- Wir veröffentlichen Ihre Hausarbeit,
  Bachelor- und Masterarbeit

- Ihr eigenes eBook und Buch -
  weltweit in allen wichtigen Shops

- Verdienen Sie an jedem Verkauf

Jetzt bei www.GRIN.com hochladen und kostenlos publizieren